AF898426

El niño que quería volver a ser

Jorge Luis Castillo

EDIQUID

EL NIÑO QUE QUERÍA VOLVER A SER
© Jorge Luis Castillo

Editado por: Corporación Ígneo, S.A.C.
para su sello editorial Ediquid
José Olaya 169, Ofic. 504, Miraflores. Lima, Perú
Primera edición, diciembre, 2025

ISBN: 978-956-424-070-1

www.grupoigneo.com
Correo electrónico: contacto@grupoigneo.com | Teléfono: +51 955 071 270
Facebook: Grupo Ígneo | X: @editorialigneo | Instagram: @grupoigneo

Reservados todos los derechos. El contenido de esta obra está protegido por leyes de ámbito nacional e internacional, que establecen penas de prisión o multas, además de las correspondientes indemnizaciones por daños y perjuicios, para quienes reprodujeren, plagiaren, distribuyeren o comunicaren públicamente, en todo o en parte, una obra literaria, artística o científica, o su transformación, interpretación o ejecución artística fijada en cualquier tipo de soporte o comunicada a través de cualquier medio, sin la preceptiva autorización.

Colección: Integrales

Contenido

Agradecimientos 9

Pensamientos n.º 1. 31

Carta del niño interior. 35

Cuando ya no recuerdo su voz. 38

La distorsión cognitiva como enemigo del alma 39

Silencios necesarios. 40

Buddy 41

Este no es un libro cualquiera. No fue escrito por un autor con respuestas ni por alguien que pretende enseñarte a vivir. Fue escrito por una persona real, con heridas reales, que decidió alzar la voz cuando el silencio ya pesaba demasiado.

Durante muchos años viví atrapado en un torbellino de emociones que no sabía cómo explicar: dolor, rabia, miedo, ansiedad, tristeza... Monstruos que me visitaban todos los días, mientras fingía estar bien. Perdí a personas que amaba con el alma y, con ellas, se apagaron partes de mí que pensé que nunca podría recuperar.

Escribir estas páginas no fue sencillo. Cada palabra es una batalla ganada contra mi propia mente; cada línea, una forma de gritar lo que callé durante catorce años. Este libro es mi espejo, mi refugio y también mi promesa: la de convertir el dolor en una herramienta para ayudar a otros.

No estás solo. Yo tampoco lo estuve, aunque así lo sentía. *El niño que quería volver a ser* no es solo mi historia: también puede ser la tuya, la de quien lee con el corazón en un puño y busca una señal para seguir.

Agradecimientos

A veces, escribir no es solo juntar palabras, es juntar pedazos del alma que alguna vez se rompieron.

Este libro nació del dolor, pero también del amor, de las caídas… y de las manos que me ayudaron a levantarme.

Gracias a mi psicóloga Ana Elizabeth Zepeda, por acompañarme en los días más oscuros y enseñarme que sanar también es un acto de valentía.

A Angélica Marisol Flores, por su tiempo, su paciencia y por creer en esta historia cuando yo mismo dudaba.

Tu apoyo fue un faro cuando todo parecía niebla.

A Catalina Videla Montes, por tu mirada atenta, por leerme con el corazón y ayudarme a darle forma a esta voz.

Y a cada persona que me sostuvo, escuchó o simplemente estuvo… este libro también es suyo.

Gracias por no soltarme cuando más lo necesitaba.

Tengo historias que aún no puedo cerrar, tengo dolores que aún no puedo olvidar, pero hoy sé que tengo tiempo para poder sanar, sin mirar atrás, solo vivir un día más... un día más, que al final de este quisiera sanar.

Mi nombre es Jorge, tengo 34 años. Hace muchos años empecé a sentirme de una manera muy diferente a lo que solía ser: alegre, soñador, optimista, etc. Todo comenzó el año 2010, con el fallecimiento de mi mamá Julia (mi abuela). Entré en un estado que muchos no saben explicar y, por eso, quise escribir esto con mucho respeto y pasión.

Creo que vivía una vida tranquila y feliz, con una linda familia. Todo cambió cuando mi abuela cayó al hospital y, en un cerrar de ojos, se me fue de mi lado. Sufrí mucho, culpé a todos por lo sucedido. Todo se volvió gris y sentí un gran vacío y culpa, porque toda mi infancia ella fue mi segunda madre y le gustaba que le dijeran *mi mamá Julia*.

En fin, empecé a cambiar mi estado de ánimo. Todo me molestaba, no quería salir; todo lo bueno que sentía ya no tenía esa misma pasión. Uno mismo se sabotea: llevar la pena es difícil. Te reprimes mucho, no quieres molestar o sientes que la gente te apunta y te hace esa pregunta: «¿Será que estoy exagerando?».

Ahora, en este momento, pienso: qué tonto fui. Tienes que expresar lo que sientes, sin pensar en el qué dirán o qué pasará. Solo siente. Si vas a llorar, llora; si quieres gritar, solo grita. Vive tu duelo o tu dolor como a ti te haga sentir mejor. No cometas los mismos errores. ¿Sabes? Si alguien se acercaba con buenas intenciones, yo, con mi actitud negativa, los corría. Para mí era doloroso darme cuenta de todo eso y, hasta el día de hoy, tengo ese sentimiento de culpa.

Trabajo en ello. Lo mejor que hago es hablar con los demás de cómo me siento, de cómo me afectó, de cómo llegué a esta condición y de cómo, día tras día, convertí mi dolor en una herramienta para ayudar a los demás. Discutía mucho con la gente que me rodeaba, cercana a mí. En mi cabeza sentía que yo solo sufría por mi abuela, que nadie me entendía, que nadie más que yo estaba pasando por eso.

Pero hoy estoy aprendiendo que cada persona lleva su duelo de diferente manera. Me decían: «Tira para arriba, la vida es corta». Y yo, en mi mente, decía: «¿Crees que cuando voy a un entierro no me doy cuenta?». Pasó el tiempo y traté de seguir mi vida normal. Mis salidas eran los fines de semana, porque podía tomar, fumar, incluso consumir tipos de droga, y eso, según yo, me calmaba. Me sentía bien en ese momento, pero solo cubría lo que realmente sentía. Eso no me iba a devolver a mi abuela, ni me iba a hacer olvidar lo que me tenía así.

Luego, seis años después, mi abuelito se enfermó. Según yo, creía que era por la falta de mi abuela. Como una vez me dijo: «Me hace falta mi vieja». Toda una vida con ella, conversaciones eternas... Sé que pasaron por muchas cosas y que igual mi abuela sufrió por culpa de él, pero sé que en esta historia hay mucho amor.

Su enfermedad aumentó. Y en ese momento, lo que es el cáncer... La enfermedad que no sabes cómo ayudar o cómo sobrellevar. Al contrario de la muerte de mi abuela, él pasó sus últimos momentos en casa. Ella, en cambio, llegó al hospital y pasó sus últimos días sola en una habitación; no la pude abrazar, besarla y solo decirle: «Gracias por tanto amor incondicional, por enseñarme lo que es amar».

En el momento de agonía de mi abuelo, yo lo miraba y me preguntaba: «¿Por qué él y no yo?». Bueno, en este momento y luego de muchos años, aprendí que son ciclos que uno tiene que aprender a sobrellevar. Seguí escuchando la respiración de mi abuelo agonizante. Algunos entenderán lo que es el cáncer y cómo consume sus vidas.

Me aferré a lo que el ser humano se aferra cuando está en su peor momento: o es a Dios, o es a la Virgen. En mi caso fue a la Virgen, a quien le pedía que se lo llevara. Sentía que ya había sufrido demasiado; no quería que sufriera más. Y de un momento a otro se me fue mi papá... mi papá Juan, mi abuelito.

Me descontrolé. Les gritaba a todos. Luego, cuando me di cuenta de que mi abuelo ya no estaría más, volví a sentir esa agitación, ese dolor en el pecho, sentirme ahogado, querer llorar, pero a la vez aguantarme. Y se preguntarán por qué. Porque no quería que se acercaran a consolarme. ¿Para qué, o qué?

Me subí al auto a buscar la ambulancia. Corrí tanto como pude. No encontré la ambulancia. Llegué a la casa: estaban ahí. Escucho al paramédico hablar: «¡Fue un paro! ¡Ya no se puede hacer nada!». Y quedé en silencio.

Sí, volvió a pasar: un ser querido se me fue de mi lado.

Se preguntarán por qué no hablo del entierro de mi abuela o de mi abuelo. Porque fue algo que aún no me puedo sacar: ver gente que estaba por morbo, otros porque sí... Sentía ese dolor que yo sentía. Mi mente trabajó a full. Pensaba miles de cosas, de pensamientos, cosas a futuro. Y ¿saben qué? Vivir pensando en el futuro no es vivir.

El odio que sentí hacia los demás, el pensar si seguir o no con mi vida, el discutir con mi familia por lo más mínimo... Era agotador. Ya no quería más, sobrepensaba todo.

> *El cáncer siempre lo miré muy lejano en mi vida... ¡hasta que lo viví en primera persona! Tenemos que aprender a despedirnos, pero es tan difícil ver cómo, cada día que pasa, se deterioran y no sabes cuál es el último día. Y piensas: «¿Será hoy o mañana? ¿O quizás unos días más?». Es una angustia que no termina hasta el día en que nos dejan y pasan a un plano astral.*

Desde la fecha 2010 y 2016, pasó lo que menos esperaba. Mi primo, mi hermano, mi amigo... me faltan las palabras para describir lo que teníamos. Pasó de estar en plena juventud y tener una hermosa hija, a quedar en estado vegetativo, en una camilla, sin poder hablar o expresar lo que sentía.

Cinco años con mi tía y su familia, luchando para lograr un cambio, y en ese momento conocí lo que es la Teletón. Todos esos años conocí lo que es estar ahí, viendo cada caso: unos salían del estado en el que estaban y otros aún seguían en el mismo paso. Tenías días en que ya no podías más, pero por el amor que le tengo seguí firme. Dejé de lado muchas cosas, muchos proyectos... pero de eso se trata la familia: de apoyar incondicionalmente sin esperar nada a cambio.

Te cargué en mis brazos día tras día. Me sentía mal porque, en tu estado vegetativo, no sabía si sentías rabia o pena, o el solo hecho de que no querías que te cargara. ¿Saben que hay días que te frustras porque no sabes qué quiere o qué piensa? Y mi tía luchó hasta el último día, buscando un cambio.

Vivimos pequeños avances. Estar en la Teletón es una mezcla de sentimientos, de subidas y bajadas. Aprendes a tener resiliencia, aprendes que el dolor cada persona lo vive o lo siente de manera diferente. No podemos desestimar o invalidar los sentimientos de otros por creer que lo que ellos pasan no lo viviremos de la misma manera.

A veces la vida es injusta. Quería vivir de otro modo, más inconsciente, más feliz, pero mi mente se bloqueó. Tenía miedo y sobrepensaba todo antes de hacerlo. Tuve miedo hasta de salir. No veía nada bueno, solo defectos, porque solo quería ayudar a mi primo y no fallarle. Sé que en ese momento me necesitaba él y mi tía. ¿Me faltó tiempo? No lo sé.

Mi vida cambió rotundamente. ¿Fue difícil? Claro que sí. Y no me arrepiento de nada: cada proceso fue incondicional y con todo el amor que le tengo a mi primo. Seguí con mi trabajo, pero recuerden: ¿quién paga facturas con fracturas en el alma?

Los que tienen hijos sabrán lo doloroso que es ver a un hijo mal, y de esa manera, sin poder comunicarte.

Un 7 de febrero del 2018 su cuerpecito no aguantó más y dio su último respiro, su última lucha... mi guerrero, mi primo, mi hermano. La vida me cambió rotundamente. Quiero que entiendan que el proceso de pérdida cada persona lo vive de diferentes maneras.

Llevo muchos años intentando darme cuenta o querer soltar para poder avanzar. Pero estoy dando pasitos, como tú me dijiste: «La vida me duele, aunque pueda reírme».

En ese momento recordé el último adiós de mi abuela. Con ella tampoco pude despedirme ni decirle «perdón» por no poder ayudarlos un poco más o estar más tiempo con ellos.

Mi abuelita la recuerdo de muchas maneras, y creo que muchas personas la recordarán, pero para mí es y será mi calma. Me desconectaba de todo lo malo; sus manitas eran mi calmante, mi día de cine, mi comida favorita, mi día soleado. Pero, sobre todas las cosas, era mi mamita.

Entre el 2010 y 2018 perdí a cuatro personas que aún llevo en mi corazón (*Pika por siempre*). Y así perdí el sentido de la vida, mi camino, mis motivaciones. Sentí que se me apagó la luz que tenía en mi interior, mi energía. Me alejé de todos.

Siento que me hablan, pero se equivocan. Eso no quita que siga con mis pasitos. No sé si soy fuerte o no soy fuerte, pero la realidad es que no sé cómo aguanto días como este: apretones de pecho, llorar sin motivo, mucho cansancio. Mi mente inventa... pero inventa lluvias, de septiembre a septiembre.

Sale esa frase, esa maldita frase, y me dicen que disfrute de la vida, que se acaba. Ya sé que se acaba; lo he visto de cerca. ¿Te crees que no me doy cuenta cuando voy a un entierro? Viene ese pensamiento: nadie me entiende. ¿Por qué me siguen molestando, si ya lo sé? Pero no puedo dejar de estar así. Es como si fuera automático.

Lo difícil de esta vida es darse cuenta de que el alma y la mente también se alimentan. Y si lo haces mal, te enfermarás tarde o temprano, y conocerás los monstruos de frente... y no te das cuenta de que convives con ellos día a día.

Es una carga enorme. Como cuando pasé de niño a adulto demasiado rápido; pasé de jugar a trabajar demasiado rápido.

Todo esto que les acabo de contar está resumido. Es para explicar cómo llegué, luego de 14 años de lágrimas en silencio, de lucha interna, de monstruos en mi cabeza.

Los monstruos son la ansiedad: no deja de pensar, te mantiene todo el día con pensamientos catastróficos y mucho menos amar; te lleva a un vacío lleno de angustia. La depresión está en tu cuerpo, y tu cuerpo lucha por sobrevivir, pero estando en tu mente intentas morir.

¿Cómo me sentí, pensaba y actuaba? Una tristeza profunda y persistente. Todo se llena de preocupaciones constantes y excesivas sin ninguna razón, y eso cansa.

«Tengo en mi cabeza un cuarto lleno de felicidad y amor propio. A veces lo custodia un demonio con una serpiente, mi mente y un corazón que lucha por vencerla eternamente. El dinero compra todo, pero no cura los miedos. Y detrás de cada "pero"... ¡siempre hay un miedo que siento tan fuerte que, a veces, no entiendo!

No me corrijan, que la vida ya lo hace bastante.

Mi lucha interior duró tantos años que aún pesa. Vivo como si el vivir fuera un castigo, condenado en un presente que no acabo de aceptar. Miro fotos del pasado, sonriendo cuando no sabía lo que tenía... era perfecto.

Ahora solo cierro los ojos y pienso que lo único que calma este tormento es tratar de convencerme de que nada es para siempre».

Hay una frase que escuché: «Me volví tan frágil que un pensamiento cualquiera se cuela en mi mente enferma y mi castillo se derrumba. Y el ruido que no cesa en mi cabeza se inunda de miles de recuerdos que ya no volverán nunca».

Y mi día a día era enojarme con todos, por todo y por nada, porque sentía que nadie me comprendía. Al momento de hablar con ellos, sentía que todo era hiriente para mí.

Solía pensar en irme lejos y no regresar más. Días en que todo eran peleas, gritos y malos momentos. Momentos en que me sentaba a comer y lloraba de la nada, trayendo pensamientos terribles, como de tragedia, todo el día.

Incluso cuando me invitaban, solía imaginarme lo que podía pasar. Y, ¿saben qué? Nunca pasaba nada.

Todo el día me encerraba en mi pieza y dormía demasiado. Mi escape era jugar con mi teléfono, horas y horas. Me sentía querido; necesitaba esa aprobación, ese cariño vacío en algo. Y nunca entendí que no tenía esa aprobación.

Escribiendo esto me doy cuenta de que no lo necesitaba. Jugaba con personas que no conocía, pero que me escuchaban sin decirme nada, porque nadie de los que jugaba sabía en qué condición estaba. No tenía que fingir ni hablar mucho.

La aprobación de esas personas que no conocía me hacía sentir bien, pero a la vez vacío. No me llenaba en el fondo.

Lo que hoy entiendo es que quería hablar con mi familia. Sí necesitaba un abrazo o algo, decirles: «Saben, hoy no me siento bien y necesito un abrazo, una palabra de aliento». Nunca lo escuché… o quizás sí, pero estaba tan cerrado que nunca vi esa luz, no les tomaba atención.

Puse mi corazón y mi alma en mi trabajo,
y he perdido mi mente en el proceso.
Vincent van Gogh

Días negros. Los monstruos me atacaban; mi mente gritaba: «¡Ya basta! Nadie me va a extrañar, a nadie le voy a cambiar la vida si me muero en este momento».

Mi mente trabajaba tan rápido que tenía miles de formas de acabar conmigo. Hice cosas: me corté, tomé cosas... pero, cuando quería hacer algo más fuerte, siempre pasaba algo que me frenaba.

Todo era por creer que, así, todos mis pensamientos ya no estarían. Pero comprendía que no era solución, sino que más gente de la que me rodea sufriría y se sentiría igual que yo.

La gente que me rodeaba no entendía que mi mente decía: «Si ellos salen, tienen que ir con cuidado». No entendían que ya no quería perder a alguien más. Me cansaba de explicar por qué hacía las cosas.

Me costaba hacerlas otra vez, porque no tenía ganas de volver a hacerlas. Cada día luchar con tu mente es cansador, mental y físicamente.

Hasta que llegó el momento en que fue tanta la basura en mi cabeza que exploté. Lloraba mucho, por todo y por nada. Reaccionaba violento, hasta que hacía trizas las cosas.

¿Mi mente será una de las más fuertes? No lo sé. Solo sé que estaba agotado (no poder expresar lo que sentía en ese momento con palabras...).

Estaba a la defensiva, enojado con todo. Sentía que no podía responder a la gente que me decía algo: yo me sentía atacado. A veces estaba comiendo y, de la nada, me ponía a llorar.

Mi mente seguía imaginando siempre algo trágico, algo que podía pasar al salir, incluso a comprar pan. Eso, realmente, es agotador. Y si eso lo mezclamos con el trabajo, mi día a día era una bomba.

Incluso, si quería salir con amigos a algún paseo, ponía alguna excusa o me estresaba por no poder calmarme.

Deseé ser como todos: ser gracioso, más inconsciente, tener más de dos días buenos. Supongo que es la mente que me tocó. Hay algo que la parte en dos.

Eso no quiere decir que no sea feliz; quiere decir que me tocó una mente que me hace sufrir. «¡Me rindo, no puedo más!», eso siempre pensaba cuando tenía un día negro. Fingir felicidad me agotaba.

Y llegó el día en que decidí buscar ayuda. Esa ayuda que siempre me negué por miedo o simple ignorancia.

Poner un freno. Pensar: «¿Cómo una persona extraña me podrá ayudar?» o «¿Demostraré que soy débil?». La misma sociedad te fuerza a cerrarte, a ser duro, para no ser juzgado o tachado de algo.

Pero ¿saben qué? No importa. Solo haz de ti una prioridad.

Fue por más de 14 años que todo comenzó, hasta el día en que tomé la decisión y busqué ayuda.

Y, si me preguntan en este momento: yo, escribiendo un libro para poder ayudar a los demás… ¿quién lo pensaría?

Me tomó mucho tiempo sacar todo esto, pero es con amor y cariño.

¿Tomé la mejor decisión? ¿Me costó tomarla? Sí. Pero encontré una conexión tan bonita que, gracias a mi psicóloga Ana Zepeda, coordinamos un 11 de diciembre.

¿Fue una mezcla de emociones muy fuerte? Pensé: «¿Para qué voy? ¿Me podrá ayudar?». No quería ir, pensaba miles de excusas. Pero, bueno, saqué fuerza, no sé de dónde.

Bueno… aquí estoy, sentado con un extraño y, de repente, todo fluyó. Sentía energías diferentes. Me preguntó sobre mi familia, mi vida, quién soy yo.

Sentí que en ese momento tenía que contar todo: lo bueno, lo malo, la verdad, y no ocultar quién soy. Y, ¿saben qué? Luego de la primera sesión sentí que, luego de la tormenta, saldría el sol.

Fui por una más. En esta sesión comprendí lo importante que es tu energía en ti.

Mi segunda sesión comenzó con una mini terapia de relajación con cuenco tibetano.

Ahí estaba yo, mi cabeza pensando: «¿Esto funcionará? ¿De qué sirve?».

Y, en un momento a otro, cierro mis ojos, me concentro en mi respiración, me dejé llevar por lo que me decía la psicóloga.

Sentía el cuenco, la vibración, su sonido. Sentía que me levantaba de la camilla, y ella me afirmaba los pies. Es algo que no se puede explicar.

Yo, consciente de ese momento, y ella estaba al lado mío, aun hablando... es algo que realmente no se puede explicar.

Terminó la sesión. Me dirigía a mi casa y, por primera vez en años, no venía pensando nada. Solo disfrutaba del aire.

Miraba los árboles, cómo se movían por el viento. Me sentí tan bien.

Momentos buenos que supe que podría tener, y que no todo sería oscuro.

Todo eso duró unos días. Mi mente siguió con su lado oscuro.

Consejo: no por sentirte bien en tu sesión tienes que dejar de ir.

Mi lado oscuro, o como le digo yo, mis monstruos, ¿saben qué provocan? Que muchas veces la persona que está al lado tuyo sufra directamente y absorba tus días malos.

Se vuelve egoísta, solo piensa que tú sufres o pasas un mal momento. Y, por cerrarte a no buscar ayuda, tus monstruos también consumirán su energía y afectarán a tus seres queridos.

Es difícil darse cuenta de eso. A mí me costó darme cuenta... pero lo logré.

Y aún sigo.

Ahora se los digo en este libro: la que se lleva tus monstruos y tus días malos, todo lo que conlleva eso, son las personas más cercanas.

Y sí, es difícil vivir con eso, no saber explicarlo. Pero también hay que buscar herramientas y dar un por ciento más para poder avanzar y poder sacar lo que llevas dentro, de una manera u otra.

Sé que no quieres hacerles daño, que tus palabras no son esas.

Por eso siempre es importante **buscar ayuda**.

Lo mejor que pude hacer. Mi vida está cambiando. Sé que es un camino largo, con altos y bajos, con obstáculos.

Pero estoy aprendiendo a sacar las piedras del camino y a seguir.

Y a ser ese niño que alguna vez fui.

Pasé por lo mismo o similar a ustedes, pero tengo una visión. Y quiero que ustedes también la encuentren.

Día a día lucho con mis monstruos. No es fácil. Pero busco la fuerza y me doy cuenta de que solo no estoy.

Y quiero que sepan que ustedes tampoco están solos.

Estuve muchos años así, y quiero muchos más… para poder ayudar a buscar una luz.

> *Eres el espejo con el reflejo de todo aquello que no quieren ver, pero que saben que estás ahí.*
>
> Ana Zepeda

Mi siguiente sesión fue la que más me liberó. Llegué ese día un poco más cansado, sin muchos ánimos de seguir. Te pones a pensar si realmente funciona o no, porque sigues con tus días malos y crees que todo se tiene que solucionar rápido.

Pero ahora que escribo esto, pienso: si pude luchar tantos años, ¿por qué no seguir? Pero buscando un propósito para cambiar esos pensamientos negativos.

Ella me pidió que le llevara motivos para seguir adelante o algo, como por ejemplo: cambiar la bicicleta, viajar este año... pero no pude. No tenía qué poner.

Los pensamientos más recurrentes eran:

¿Le importo a los demás?
¿Para qué seguir?
Si antes no cambió, ¿por qué ahora sí?

Me preguntó qué sentía, qué pasaba por mi mente. Ya estaba cansado, incluso lo más fácil para mí era matarme. Sí, ese pensamiento egoísta... y así de fácil evadir mis días.

Le dije a mi psicóloga:

—Yo me quiero matar. No quiero seguir más.

Ella me miró fijamente y dijo, con tanta fuerza y una energía tan grande, una luz... no sé, fue algo extraño:

—¿Te quieres matar?

Me eché a llorar delante de una persona que era mi psicóloga; lo que nunca hice con personas extrañas ni con mi familia, con nadie.

Aunque suene frío, ella me seguía hablando y yo seguía llorando. No tengo palabras para describir ese momento. Me dijo tantas cosas que nadie me había dicho y con tanta fuerza... Yo lloraba. Un hombre grande, de 1,80, me sentía un niño de cinco años, indefenso y mal.

Y, ¿saben qué me calmó? Que tenía que ser valiente. **Esa no es la solución**.

Es tan simple la respuesta y tan fácil que uno no se da cuenta: la muerte nunca será la solución.

Recordé cortes, pastillas, todo... Es difícil seguir luchando día a día, pero tomé valor para buscar ayuda.

Y aquí estoy, frente al computador, escribiendo mi proceso, a ver si puedo ayudar a alguien más.

Luego de todo lo que viví en esa sesión, algo cambió en mí. No sé si para bien o para mal.

He tenido días difíciles con mi actual pareja. No respondo bien, me siento atacado, digo cosas que realmente no quiero decir. Soy muy hiriente y no quiero hacerle daño, pero la oscuridad en ese momento me cegó.

No quiero hacerle daño a la gente que me quiere, pero es difícil: mi mente me traiciona. Es como que todo lo que tenía reprimido salió.

Si te pones a pensar, en nuestra condición reprimimos mucho los sentimientos. Pero es como tener un arma cargada en la cintura, sin seguro. Aunque la cuides mucho, tarde o temprano se puede disparar.

Y eso me pasó: de tanto reprimir, acabé mal.

Unos días atrás estaba manejando y, de la nada, se me vino a la mente: «Si un ser querido se me muere, ¿qué haré yo? ¿Qué podría hacer con su familia?».

Cosa que no pasó, pero de la nada empecé a respirar muy rápido. En un momento sentí que no podía respirar y me dolía el cuerpo.

Traté de calmarme, pero al pensar que tenía que calmarme, me imaginaba más cosas, y más rápido respiraba. Con una angustia que no pude controlar, tuve miedo.

Sentía tanta pena, dolor en el pecho, unas punzadas como si se me abriera el pecho. Solo quería que pasara. Y entre más quería que pasara, más fuerte se sentía.

Luego de unos días de que pasó eso, me puse a pensar y me hice esa pregunta que muchos que pasan por esto se hacen:

«¿Por qué yo? ¿Estaré cansado? ¿Acaso solo fue mi imaginación y nunca pasó? ¿O es normal todo esto?».

No le tomé mucha importancia porque mi mente me saboteaba. Pero ahora que escribo esto, no se lo deseo a nadie. Es tan doloroso...

Al pasar los días, piensas: «Bueno, no pasará más». Y, después de unos días, me volvió a pasar.

Iba de copiloto; mi pareja estaba manejando. Recuerdo que mis hijos estaban sentados atrás, en la camioneta. Traté de ocultarlo; no quería que vieran nada.

Y los mismos síntomas... pero más fuerte. No aguanté y lloré sin que nadie se diera cuenta, ocultando los sentimientos como si fuera malo llorar.

Traté de controlar mi respiración, que cada vez era más rápida, y más se aceleraba. Sentía angustia, dolor en el estómago y, a la vez, en la garganta. Es terrible esa sensación de querer parar, pero no poder y no entender el motivo.

Solo quería ayuda, pero no sabía cómo pedirla.

Hoy puedo, y sé que nadie me va a juzgar. Y entiendan: nadie dice nada, pero **pedir ayuda es un acto tan lindo de amor y de querer seguir y dar un pasito más**.

Y, como también es ayudar, no saben cómo le aliviarán esa carga a alguien con el solo hecho de escucharlo, prestarle atención o darle un abrazo en ese momento de angustia.

Eso es ayudarlo a sanar, a darle un motivo más para poder seguir.

Siguiente sección. Casi luego de un mes, después de esos episodios, se tomó la decisión con una mentalidad diferente. Yo, cerrado a tomar medicamentos, ahora voy con un «sí». Estos que siento cada vez son más difíciles de controlar. Bueno, ahora llego a mi sesión. Con esto le cuento que quiero escribir un libro, lo que recién estoy comenzando. Mi psicóloga me dijo que pase de buscar algo primitivo a algo más intelectual, y escuchar eso me hizo sentir alguien y me enseña que todos tenemos un propósito. Mi propósito es poder dar una herramienta al que esté en mi condición o peor, y darle a entender que la salud mental es necesaria; y si todos damos algo, aunque sea un poco, estaremos haciendo algo.

Eso me dio a entender que antes me sentía bien cuando salía, tomaba y hasta me drogaba; fue mi forma primitiva de salir de mi oscuridad, pero sin eso era mucho más fuerte caer y sentirme mucho más débil y peor. Escribir este libro me ayudó a comprender muchas cosas: que quizás yo, en mi mente, estaba bien, pero en realidad no.

Mientras escribo esto, me entero de muchas noticias: mi hermanito pidiendo ayuda, su mente le está jugando en contra. Yo, dentro de mis facultades, tratando de aconsejar. A veces, como digo, ni yo me creo los consejos que doy.

¡Por otro lado, mi madrina mal porque a su pareja le encontraron un tumor en su espalda! Y vuelve esa misma pregunta: ¿por qué a la gente buena le pasa ese tipo de cosas? Seguir trabajando es difícil, no ir pensando en todo eso. Me da tanta pena que no puedo aguantar, y esas crisis me dio justo atrás del negocio donde trabajo: sentado en la camioneta, me agité y lloré con tanta fuerza que no me podía controlar.

Todo fue por noticias negativas de gente cercana a mí que no supe controlar o, no sé, si saber escuchar y tomarlo de la mejor forma. Aquí estoy, un día más, atendiendo en el negocio, aguantando las ganas de llorar, gritar y salir corriendo. Y si me preguntan el porqué, esta vez no lo sé.

Siento mis hombros levantados, tensos, aguantando cada sentir, cada sentimiento que me consume. ¿Hasta cuándo seguiré con esta mentira de aparentar que siempre estoy bien y no decir: «Hoy estoy mal, no me siento bien»?

Si supieran las personas que estoy atendiendo que mi cabeza me está matando y que no quiero estar, y que cada vez mi respiración se acelera y me aguanto las ganas de llorar. Trato de aguantar lo que me pasó hoy, pero día a día, a veces, es difícil aguantar tanta presión en mi mente, que se imagina mil escenarios a la vez y en ninguno ve un final feliz.

Solo quiero estar en otro lado; si me preguntan cuál, no lo sé. Pero mi respiración se acelera, trato de controlarme y de que la persona que estoy atendiendo no me vea. Y vuelvo a hacerme la misma pregunta: ¿por qué no llorar, gritar, irme sin importar nada?

Pero siento que aún no soy fuerte, no tengo esa capacidad de decir «¡No!» o de decir «Hoy decido tener un día más bello».

Todo esto que les escribo es porque se preguntarán, a veces, que sus amigos, parejas o gente que conozcan los ven un poco decaídos o tensos, de mal humor. Es porque mentalmente, a veces, no están bien. Quizás les cueste entenderlo, pero sean un poco más empáticos: ellos, en esos momentos, pasan por un episodio similar o quizás peor.

He tomado años en aprender que llorar hace bien, que sirve para liberar la presión que llevas dentro. Tengan en cuenta que nadie te juzgará o te dirá algo: solo sé tú.

Yo mismo cometí ese error: llevo tantos años ocultando mi manera de pensar y mis sentimientos, que yo mismo asimilé que era normal. Te das cuenta, como yo, de que llegas a un punto de no retorno, de llegar al final del camino.

Pero buscar ayuda, buscar a alguien para seguir construyendo ese camino —con un profesional o, como dice mi psicóloga, alguien en quien contenerse— hace la diferencia real entre el día que te sientes capaz y el día que no.

Está en el cómo te sientes. Tú podrás, y verás que no será un solo camino, sino que verás miles. No espero que la vida sea la mejor o la más feliz; tengo que buscarla. Estoy aceptando mis cambios: he tardado, pero sigo. Y sé que tú podrás.

Ahora sé que es normal que me frustre. Me cuesta entender que las cosas ocurren, que todo tiene su curso, su yin y su yang, luz y oscuridad. Trabajo en esto día tras día. Incluso escribiendo esto lloro, porque recuerdo todo lo sucedido, y pasar de querer matarme a escribir un libro para poder ayudar a seguir a muchas personas más... sé que tú podrás igual.

Si tardé años en darme cuenta de que necesitaba ayuda, tú igual podrás. Yo ya no tengo miedo a luchar; lo hago para verme brillar. Quise ser como todos por miedo a la censura, pero prefiero su rechazo antes que mi autocensura.

Si me siento mal, lo diré; si quiero llorar, lloraré; si me quiero dar amor propio, así será; si me gusta el arte, lo sabrán.

Solo les diré: un poquito más, solo un poquito más. Sé que has tenido las ganas de matarte, pero un poquito más, lucha, que después de esto verás la luz. Tienes esperanza de seguir.

Pasé de tener estos episodios día tras día, hora tras hora, a una vez al día; luego, tres veces a la semana. Sigo conociendo a los monstruos de mi cabeza: son mis pensamientos catastróficos, de no vivir el presente y siempre pensar en el futuro, tener miedos, mis monstruos.

Pero ¿sabes qué? Hasta ellos tienen miedo de lo que estoy haciendo: convertir mi depresión y ansiedad en una herramienta para poder ayudar a los demás.

Escribiendo entendí que la vida es muy corta para luchar conmigo. Y si yo pude avanzar, ustedes también. Esta herramienta es para todos los que lean este libro, para dar luz luego de la tormenta. Donde hay vida, hay amor, también hay esperanza.

Lo escribo para ti, sin conocerte o saber tu historia. Si estás herido y con esto puedo aliviar tu dolor; si yo empecé a escribir luego de tanto, tú ¿por qué no...?

Quizás ese es mi camino y mi salida de esta oscuridad: seguir adelante. Y tú te darás cuenta de cuál será tu camino.

Pensamientos n.º 1

El dolor de una partida o una muerte de un ser querido: pasar a un ámbito astral... No sé si me explico bien en ese sentido, como lo viví desde afuera unos días atrás, mientras escribo este libro, un «velorio».

Verlo desde afuera: veo que todos se aconsejan y se van —familiares, amigos, extraños, etc.— y el dolor en los más afectados se ve cada vez más. Se nota el peso sobre sus hombros.

Unos gritan al darse cuenta de que no volverán a ver; por otro lado, comienzan sus mejores historias y de lo bueno que era: chistes y bla, bla. Pero ¿todo eso estará bien o es solo para sentirse bien con ellos mismos y mitigar el dolor y el abandono en vida hacia esa persona?

Estar cuando más se necesitó... Bueno, eso pienso. Y luego de todo ese teatro de algunos, se van, y solo quedan los que realmente estuvieron con esa persona que ya no está: los que estuvieron en vida y siempre estarán hasta el fin.

Como escuché una vez: «Todo trauma incluye una pérdida, pero no toda pérdida es traumática».

—¡Reiki! —sí, así reaccioné; eso mismo pensé cuando escuché por primera vez esa palabra—. Nunca tuve la certeza de qué tan efectiva sería o en qué me podría ayudar a mí.

Y así fue mi siguiente sesión, cuando me dijo la psicóloga Ani:

—Hoy te tengo preparada una sesión de reiki.

El antiguo método para conseguir la felicidad

La medicina (sanación) para todas las enfermedades del alma y del cuerpo

Solo por hoy, dejo de enfadarme...
Solo por hoy, dejo de preocuparme...
Solo por hoy, soy agradecido / demuestro aprecio.
Solo por hoy, trabajo honradamente (duro)...
Solo por hoy, soy amable con los demás.

Dr. Mikao Usui

Una de mis sesiones comenzó. Les cuento: no miento cuando digo que sentí un poco de nervios al no saber qué o cómo sería eso del reiki. Me recosté y solo sentía esa música. Seguí las instrucciones que me decía la psicóloga y me dejé llevar.

De un momento a otro era yo con mis pensamientos, como si no estuviera en esa habitación. De repente, todo se calmó en mí. Sentía que estaba en otro lado, y ese lado era la casa de mis abuelos, en una imagen tan clara que podía oírlos. Todo me dio una alegría y, a la vez, una pena.

Les hablé. Les decía que me perdonaran.

—¡No tenemos nada que perdonarte! —me decían.

Los veía tan alegres que eso me emocionó tanto. Tenía una imagen como de una comida familiar: vi pasar a mi pareja, acercarse a la mesa; vi a mis hijos en el patio, jugando. Todo cambió y sentí una alegría; vi a mi madre en la cocina. Me acerqué a ella, me abrazó y me dijo que la perdonara por todo lo que había pasado, siendo que no tenía nada que perdonarle. Yo le decía que la amaba mucho.

Seguí y pregunté por mi primo y, de repente, sentí que me tocaron el hombro: ¡era él! Todo fue como una película, pero así pasó. Estaba feliz y, a la vez, sentí pena. Me dijo que él estaba bien y que siguiera luchando, que yo podía, que me quedaba mucho por vivir. Mis abuelos me decían lo mismo.

Fue algo tan hermoso que sentí una conexión tan linda y comprendí que yo podía, que todo lo que siento... Todo fue tan loco y lo sentí tan real que no sé cómo explicarlo o relatarlo de otra forma. Me dio esperanza, o inconscientemente eso era lo que quería oír: que quizás puedo salir de todo esto y seguir adelante.

Luego de todo, comencé a escuchar a la psicóloga y volví a sentir mi cuerpo. Estaba ahí, pero mi corazón aún estaba con ellos, y me tomó tiempo «despertar» realmente. Es algo que agradezco: fue mi primera sesión de reiki. No sé si es así o si realmente lo que me pasó es común en las sesiones, pero por un momento pude sentir a mis seres queridos que ya no están cerca de mí.

Al momento de escribir esto lo agradezco: me dio valor, fuerzas, ánimo y mucha energía. Luego de terminar esta increíble sesión, al siguiente día, al ir a mi trabajo, fui donde mi mamá. Fui a decirle que no tenía nada que pensar ni sentirse culpable por algo que vivimos ella y yo; al contrario, yo le pedía disculpas por todo lo que no pude hacer por ella. Le dije que la amo mucho y que estoy muy agradecido de que ella sea mi mamá.

Después de tantos años... bueno, eso fue en ese momento. Al día de hoy no tengo comunicación con ella, por mi tranquilidad y mi estabilidad emocional. Hice de mí una prioridad. Sí, me dolió esta separación, pero no podía seguir con eso de dar todo por los demás —incluso por mi mamá— y no preocuparme por mí.

Es una de mis pruebas más fuertes, pero quiero que tengan claro que, sea quien sea, haz de ti una prioridad: quiérete, ámate y, sobre todas las cosas, respétate.

No puedo explicar qué pasó, pero ya ha pasado un año sin hablar con ella y, como dijo Mario Benedetti:

El apego emocional es una cárcel para el alma.
Te hace ver virtudes que no existen y esperanzas
donde no las hay.

Tengo historias que aún no puedo cerrar; tengo dolores que aún no puedo olvidar, pero hoy sé que tengo tiempo para poder sanar, sin mirar atrás, solo vivir un día más... un día más, que al final de este quisiera sanar.

Siempre quise ayudar; nunca supe cuándo o cómo. Quería hacer algo. Es difícil en mi estado y en el de muchos. En el tiempo que estamos, si no estás sangrando o quebrado, «no estás mal», y mentalmente sufrimos mucho sin saber cómo expresar lo que sentimos o cómo estamos.

En el día a día, en mi mente pasan tantas cosas: llorar de la nada mientras como, o pasar de un día feliz a un día oscuro... Es como vivir una película en tu cabeza, de esas de terror, sin saber el final. Es cansador, es frustrante ver que a la gente que más quieres le haces daño sin querer, pero no sabes cómo. Que te digan algo y sentir que te atacan... y la verdad de las cosas no es así; al contrario, solo te quieren ayudar.

Yo cometí el error de encerrarme en mi burbuja de «macho», de no llorar, de no demostrar debilidad. ¿Y de qué me sirvió estar catorce años atormentándome? Sabemos que los días son difíciles, que no es fácil para nadie. La vida no se detiene por ti. ¡Sé que nadie se da cuenta cuando estás mal!

De mi parte, prometo darme cuenta y correr a ayudarte, preguntarte cómo te encuentras.

Hoy, con lágrimas en los ojos, termino todo esto. Me queda mucho camino que recorrer. Mientras mi mente se manda a volar, quisiera un mundo sin monstruos y con más seres humanos: gente con menos depresión o ansiedad, o cualquier problema mental; más abrazos, más sueños y menos pesadillas.

Carta del niño interior

Escrita a ti, con amor, desde lo que aún somos.

A veces la vida se rompe en silencio,
y, entre los restos, nace una flor.
Aunque no lo entendamos al principio,
es en el caos donde el alma aprende
a transformar el dolor en amor.

Agradece cada herida, incluso las que sangran lento.
Cada sombra que quiso quedarse
te estaba enseñando a encender tu propia luz.

Yo estuve ahí; vi cómo te levantaste.
Y cada vez que lo hiciste, volví a creer en ti.

Sanar no es olvidar, ¿sabes?
Es mirar atrás sin miedo al temblor.
Es entender que lo que dolía
nos enseñó a sentir de verdad.

Crecimos, sí...
pero no olvidamos quién fuimos.

Vivimos en una sociedad que aplaude al que produce, pero ignora al que sufre en silencio. En Chile, la salud mental aún es un privilegio, no un derecho.

¿Cuántas veces escuchamos «échale ganas», «todo pasa» o «es cosa de actitud», como si la ansiedad o la depresión fueran simplemente falta de carácter?

Lo que pocos entienden es que no se trata de debilidad. Se trata de una batalla interna que desgasta, agota y muchas veces no se ve. A veces, es abrir los ojos en la mañana y sentir que el día pesa más que los brazos. Otras veces, es no sentir nada, ni siquiera dolor.

He aprendido que no estoy solo, aunque muchas veces lo parezca. Que mi ansiedad no es una exageración. Que mi tristeza no es pereza. Que pedir ayuda es un acto de valentía. Y que, en este país, lamentablemente, aún nos falta mucho para comprender que la mente también enferma.

Y, como cualquier herida, necesita atención, cuidado, compañía… y tiempo. Durante años sentí que algo en mí no funcionaba bien. No sabía cómo explicarlo. ¿Cómo decir que el mundo me duele sin que me llamen dramático? ¿Cómo explicar que a veces la tristeza me paraliza sin tener una «razón lógica»?

Mi mente es como un niño asustado que corre buscando refugio. Y, a veces, soy yo quien tiene que calmarlo, aunque no siempre tenga las fuerzas. Esa es mi lucha diaria: no dejar que me consuma. No rendirme. No desaparecer.

Y sí, he pensado en los medicamentos. Y no porque me falte fe, sino porque mi salud lo merece. Pero también intento resistir con cada recurso que tengo: terapias, escritura, silencio, amor. Y, a veces, solo respirar.

Este libro es mi forma de sanar, de gritar sin romper nada, de ordenar el caos. Porque sé que allá afuera hay otros como yo, que se sienten rotos, pero no están solos. Esta es nuestra verdad. Y también nuestro derecho: vivir con dignidad emocional.

Necesitamos más psicólogos en la salud pública. Más educación emocional en los colegios. Más espacios seguros para hablar sin miedo. Este libro es un llamado. No solo por mí, sino por quienes ya no están. Por los que se cansaron de gritar sin ser escuchados. Por los que siguen luchando.

Por el niño que fui, por el hombre que soy, por los que vendrán. Porque crecer duele... pero ignorarlo, duele más.

Cuando ya no recuerdo su voz

Hay un dolor más profundo que la muerte: el olvido.

No sé en qué momento exacto dejé de recordar la voz de mi abuela. Antes sonaba nítida en mi mente: cálida, pausada, como si siempre supiera qué decir para calmarme. Hoy, cierro los ojos con fuerza, intento traerla de vuelta... pero solo hay un eco lejano. Eso me rompe.

Mis recuerdos, antes suaves como una frazada de infancia, se fueron desgastando con los años y la ansiedad. La depresión no solo apaga la alegría: también borra lo que nos hizo felices. Mi mente, debilitada por años de lucha silenciosa, comenzó a cerrar puertas sin avisar. Y detrás de cada una, quedaron mis abuelos, mi primo, esas tardes de pan amasado y risas que ya no logro reconstruir del todo.

Y aunque sé que el amor no desaparece con el tiempo, me pesa no poder recordarlos con claridad. Me duele más que cualquier herida física. Porque olvidar a quienes amamos es como morir dos veces: ellos y nosotros.

La distorsión cognitiva como enemigo del alma

He vivido atrapado en pensamientos que me engañan. Que me dicen que fue mi culpa. Que ya no valgo. Que estoy solo. Son distorsiones cognitivas, sí, pero cuando las sientes todos los días, se vuelven parte de tu voz interior.

Estas distorsiones fueron erosionando mis recuerdos. Transformaron momentos hermosos en dudas y me hicieron cuestionar si todo lo bueno que viví realmente ocurrió o si fue una ilusión.

Así es la neuroplasticidad negativa: el cerebro, en su capacidad infinita de adaptarse, también puede moldearse por el dolor, por la ansiedad, por el miedo.

Mi mente aprendió a sobrevivir en la oscuridad. A ignorar lo bello y enfocarse en lo roto. Y eso... eso también es un duelo. Porque no solo perdí a quienes amaba, también me fui perdiendo a mí.

Silencios necesarios

En el proceso de sanar, me alejé de mi madre.

No porque no la quisiera, sino porque nuestras almas hablaban en distintos idiomas. Ella vivía en un mundo distinto al mío, uno donde quizás no había espacio para entender lo que pasaba dentro de mi mente.

Yo necesitaba silencio, espacio y, sobre todo, no sentirme culpable por no poder ser el hijo que se esperaba. Fue una decisión que dolió.

A veces me preguntan si me arrepiento, y la respuesta es compleja. No me alejé para castigarla; me alejé para no seguir rompiéndome. Necesitaba reconstruirme lejos de quienes, sin querer, también eran parte del caos.

Necesitaba enfrentar mi ansiedad, mis recuerdos rotos, mi depresión... sin voces ajenas, sin consejos que no encajaban en mi realidad.

Lloré por mi primo, por mis abuelos, por las veces que necesitaba un abrazo y no lo pedí. Lloré en silencio, como lo hacen quienes no saben cómo explicar el dolor que llevan dentro.

Y aunque en ese camino hubo soledad, también hubo verdad. A veces, sanar no es volver, sino irse.

Buddy

Nunca habló, pero me escuchó como nadie.

Nunca juzgó, pero entendía cada silencio.

En los días donde mi mente era un torbellino, Buddy se acostaba a mi lado como si supiera que su sola presencia era medicina.

Me acompañó cuando no tenía fuerzas para levantarme, cuando lloraba sin razón o con todas las razones del mundo.

Donde iba, él iba.

Cuando sentía que ya no podía más, él me recordaba, sin decir una palabra, que aún había algo por lo cual quedarme.

No era solo un perro.

Era el guardián de mis momentos más frágiles.

Era mi sombra fiel, mi cable a tierra, mi pequeño refugio con patas.

Hoy, que ya no está físicamente, su ausencia también duele.

Pero lo veo en mis sueños.

Lo siento cuando camino solo.

Y en lo más profundo de mí, sé que parte de mi sanación fue posible gracias a él.

Gracias, Buddy.

Por quedarte, por cuidarme, por ser mi luz en tantas noches oscuras.

Este libro también es tuyo.

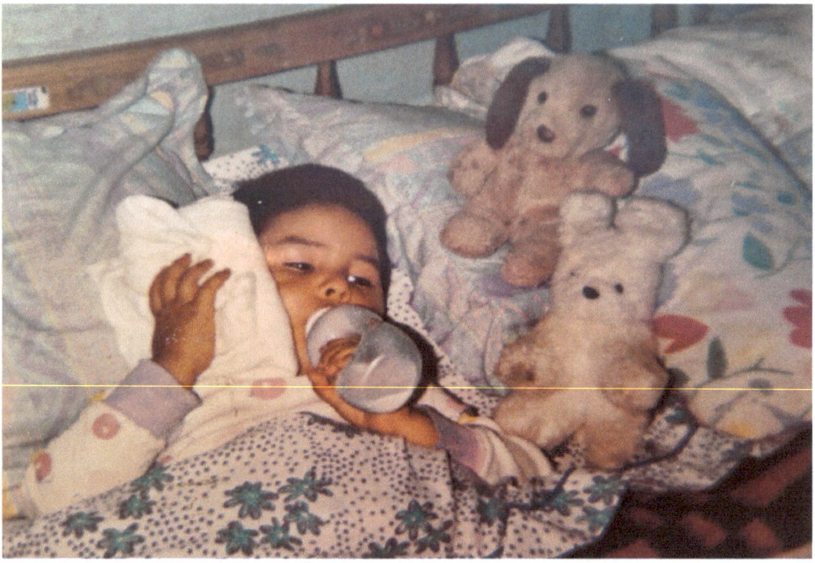

Y aquí termino este viaje, no porque haya sanado, sino porque aprendí a caminar con mis heridas abiertas.

Extraño a quienes ya no están… y los recuerdo en cada página, en cada lágrima que no dije, en cada noche que me sostuvo solo el silencio.

He vivido días donde la ansiedad me robó el aire, y otros donde la depresión me hizo olvidar quién era.

Pero aún aquí estoy. Con la mente cansada, el alma temblando… y el corazón, terco, que sigue latiendo.

No escribí este libro para mostrar que estoy bien. Lo escribí porque no lo estoy, pero sigo. Y eso también es una forma de amor.

A la memoria eterna de quienes viven en mi pecho:

Julia Carlota Castillo Alvarado

Juan Andrés Castillo Vargas

Wilson Alexis Véliz Castillo

Gabriel Alexis Maluenda

y el angelito Benjita

Gracias por enseñarme, incluso en la ausencia, que el amor no muere... solo cambia de forma.

Jorge Castillo

«El niño que quería volver a ser... todavía camina conmigo».

Dejaré estas hojas en blanco para que tú puedas sacar tu monstruo, y lo que no pudiste decir con palabras lo puedas expresar con escritura.

Me encantará leer tu historia y conocer tu nuevo camino.

Yo sigo construyendo el mío. Mi dolor lo convertí en una herramienta para poder ayudar a los demás.

Luego de no saber lo que quería, ahora sé que puedo ayudar. Todas las pérdidas son válidas, y todos necesitamos de amor y respeto.

Haz de ti una prioridad.

EDIQUID